크레바스

최영규 시집

시인동네 시인선 093

최영규 시집

크레바스

시인동네

시인의 말

그곳과

나 사이

그와

나 사이

깊이를 가늠할 수 없는

간극(間隙)

소리도

사멸(死滅)되어

돌아오지 못하는

2018년 유월

하동산방(夏童山房)에서 최영규

차례

시인의 말

제1부

눈사태 · 13

너도 나비 · 14

동행 · 16

우리의 아침이 거기에 있었다 · 17

태초의 적막 · 18

꿈 · 20

송촌리(松村里) · 21

그때, 자국 · 22

심정(心旌) · 24

야크 · 26

크레바스 · 28

바람이 되어, 바람의 소리가 되어 · 30

노란부리까마귀 · 32

제2부

초오유 · 35

카주라호 역에서 눈동자 없는 사내를 만났다 · 36

해빙 · 38

설산 아래에 서서 · 40

이제 겨우 이틀째 · 42

빙하 · 44

비박 · 45

길게, 길게 · 46

높이의 힘 · 48

정상엔 아무도 살지 않았다 · 50

낮달 · 51

봄날 오후 · 52

살아서는 건널 수 없는 · 54

제3부

입동(立冬) · 57

가마 속 풀벌레 소리 · 58

아침 · 59

전어설법(錢魚說法) · 60

新서예법 · 62

소한(小寒) · 64

장마 소묘 · 65

자월도(紫月島) · 66

가을 · 68

보름달 한 상자를 샀다 · 70

하지(夏至) · 72

겨울 천렵 · 74

잡초 · 76

제4부

하면(夏眠) · 79

뚝 · 80

돌멩이 꽃등 · 82

첫, · 83

봄, 사~악 · 84

내게로 달려드는 · 86

불이야 · 88

성묘 · 90

사랑이란 · 92

벚꽃잎처럼 · 93

곤드레나물밥 · 94

사랑 · 96

우장춘(禹長春) · 98

경칩(驚蟄) · 100

해설 섭입(攝入)하는 차원(次元)의 시,
혹은 생의 미진(微震) · 101
백인덕(시인)

제1부

눈사태

저렇게 격노하는 山의 마음을 알기 위해서라도 이 눈보라를 견뎌내야 한다. 쭈그리고 버틴 지 이틀째 새벽. 山 아래로부터 붉고 푸른색의 햇살을 쏘아 올리며 아침이 올라왔다. 구부린 허리 너머로 파란 하늘이 현기증을 일으켰다. 장비를 챙기고, 고소증세로 메슥거리는 뱃속으로 알파미*를 밀어 넣었다. 허벅지를 오르내리는 신설(新雪) 속에 크레바스**가 아가리를 벌리고 있을지 모른다. 눈 속의 허공과 눈 위의 허공을 건너야 한다. 발끝의 풍향계가 눈을 뜨는 그때 건너편 급사면으로 엄청난 눈덩이가 쏟아져 내렸다. 눈, 눈, 눈의 사태. 그렇게 山은 의욕(意慾)과 만용(蠻勇)으로 가득 차 있던 나의 발걸음을 꾸짖고 있었다.

---

*기압이 낮아 밥을 짓기가 어려운 고도가 높은 곳에서 이용하는 건조시켜 경량화한 즉석식품.
**빙하의 유동(流動)에 의해 갈라진 틈.

너도 나비

1.
카라반* 중에 머물렀던
고도 4,300미터의 마지막 고원마을 팅그리(Tingri)

움막만 한 돌집 옆으로 순무 몇 줄 심어놓은
채마밭에서 만난 배추나비

"저요?"
"하얀 날개를 가진 배추니비죠!"
"세상이 얼마나 넓고 높다고요!"
말대꾸를 하는 듯 조금 과장돼 보이는 날갯짓

너무도 까마득해 끝이 안 보이는 티베트 고원
그 한 귀퉁이
작은 돌집 옆 채마밭을
허둥대는 몸짓으로 날고 있는
저 배추나비

\>

2.

저 멀고 높은 곳 누군가의 눈빛이

목덜미를 쓱 훑고 지나갔다

---

*본격적인 등반이 시작되는 기점인 베이스캠프까지 등반용 물자를 운반하면서 전진하는 것.

동행

 렐린초스 계곡, 배낭을 벗어놓고 가쁜 숨을 가누다, 저 멀리 건너편 거대한 산록의 비탈 한가운데 홀로 서 있는 야생 라마*를 보았다. 어떻게 이 높은 곳까지 올라왔지? 목을 빼며 자세히 보려 애를 쓰는데 라마는 이미 나를 유심히 살피고 있었던 게 분명했다. 멀리 있었지만 까맣고 커다란 라마의 눈빛이 아주 가깝고 선명하게 느껴졌다. 저렇게 먼 곳인데 이건 착각인 거야. 계곡의 고요한 적막을 헤치며 라마의 눈빛은 여전히 선명하게 전해져오고 있었다. 혼자인, 외로운, 그러기를 고집하는 자유(自由)를 새기하고 있는 것 같은 눈빛. 라마와 나는 꼼짝도 않고 오랫동안 그렇게 마주볼 수밖에 없었다. 아니, 그렇게 나는 라마의 눈빛에 묶여 있었다. 그 후 한 달 동안의 등반 내내, 나는 라마의 눈빛과 동행하게 되었다.

---

*1.5m 내외의 키에 작은 낙타같이 생긴 동물. 안데스산맥의 고지(高地)에서 짐을 나르는 데 이용하며, 고기는 식용으로 변은 말려서 연료로도 쓴다.

우리의 아침이 거기에 있었다

한라산 북면 화구벽(火口壁)으로 가기 위해 올라서야 하는 심설(深雪)에 묻힌 장구목* 사면은 심한 급경사였다. 등에 업혀 울며 나자빠지는 아이마냥 허리를 조금만 펴려 하면 어깨를 잡아채며 나자빠지는 배낭. 순간 주춤하며 허벅지까지 빠지는 눈 속으로 피켈을 강하게 찔러 넣는다. 너무 무겁게 꾸려진 배낭에 모두들 쩔쩔매고 있었다. 가끔씩 무게를 못 이겨 무너져 내리는 눈과 함께 쏟아져 내렸다가 허우적대며 올라와 대열에 합류하기를 반복했다. 희다 못해 푸른 눈[雪]과 유리알처럼 투명한 하늘. 그것을 느껴볼 겨를도 없이 까마귀들이 주변으로 모여들었다. 마치 마중이라도 나온 것처럼. 까마귀의 까만 눈동자와 검은 부리 끝에서 눈[雪]빛같이 하얀 햇살들이 눈부시게 반짝이고 있었다.

---

*한라산 북쪽 백록담을 향한 능선인 개미등 끝자락에 위치한 삼각봉.

태초의 적막

방석만 한 뒷마당 돌 위에 앉아 초오유*를 생각한다.

백색의 거대한 장막(帳幕)처럼 하늘을 가리며 나타났던 초오유 앞에 허리 굽혀 엎드린 7,000미터급의 거봉들. 야크의 등짐마냥 흰 눈을 지고 있는 능선은 마치 털을 세운 짐승처럼 위협하듯 깎아지른 설벽으로 빙하를 에워싸고 있었지.

몇 장의 사진과 지도를 펼쳐놓고 어느 지점에, 어느 고도에 오를 수 있을 것이라고 떠들어대었던 호기로운 입들이 통회(痛悔)의 울음을 쏟았지.

태초의 백색. 태초의 적막. 그 만년설의 장막 뒤로 자신을 감춘 초오유는 아무도 다가오지 말라고, 다가올 수 없다고 절대 침묵으로 호령하고 있었지.

쓰러져버렸던 마음. 그래도 더듬더듬 무슨 소리든 내보려고 안간힘을 쓰며 두려움에 기대어 서 있었지. 그때 나는 그곳 그 어디에다가도 나를 내려놓을 수 없었지.

>

몇 줄 안 되는 인간의 말로는 전할 수도, 써낼 수도 없음을 알게 되었지.

---

*히말라야 8000미터급 14좌 중 6번째의 높이를 갖고 있는 봉우리로 에베레스트 (Everest 8,848m)로부터 북서쪽으로 28Km 떨어진 곳에 위치해 있다. 초(Cho)는 '신성 또는 정령'이란 뜻이고, 오(O)는 여성의 어미(語尾)로, '초오'는 '女神'이란 뜻이 되며, 유(Yu)는 터키옥(玉) 즉 보석을 뜻한다. 그래서 일반적으로 초오유를 '터키옥의 여신'을 뜻하기도 하지만, 서티베트 지역의 라마승들은 '거대한 머리'라고 부르기도 한다.

꿈

깜빡 잠들어 꿈속에서 만난 집 뒤 운길산

낮달이 산자락에 걸터앉아 참 편안하다. 한 사나흘 무작정 비를 맞았는지, 푸른 속살 내어줄 듯 지척이다.

건너편 초오유샤우*에서 쏟아져 내리며 우르릉거리는 눈사태 소리에 놀라 깨었다. 잠시 후 텐트까지 흔들어대던 차가운 바람이 눈물이 고인 눈을 쓱 닦고 지나갔다. 죽은 나를 만나기라도 한 듯 떠밀려 나가는 기운에 눈이 크게 떠졌다.

열린 텐트의 틈새로 늘 쳐다보았던 순백의 그곳이, 세상에 없는 색으로 투명해지며 까마득하게 멀어져 갔다. 아니 틀림없이 먼 길을 떠나고 있는 게 분명했다.

아, 화들짝 놀라 쫓겨난 하루

---

* '초오유의 모자(帽子)'라는 뜻이며, 초오유(8,201m) 주변의 7000미터급 봉우리 중 하나이다.

송촌리(松村里)

 운길산 수종사 아래

 나비 날개처럼, 나뭇잎 통과한 햇살처럼, 흔들리는 벼꽃 그림자처럼, 쌀 씻는 소리처럼, 산수국의 현란한 보라색 눈빛처럼, 아이들 공깃돌 잡아채는 소리처럼, 능소화 붉은 울음처럼, 일렁이는 개울물 그림자처럼

 아침 들고 돌아서서

 사람들 발자국 좇아가는

 봐라, 등 뒤로

 삼베조각 오려놓은 것처럼

 입 꼭 다문

 그런 낮달이 있다

그때, 자국

입망치 사치재 꼬부랑재 복성이재 횡경재 월음령 된새미기재 빼재 개터재 개머리재 버리미기재 신의터재 윗왕실재 늘재 불란치재

곰틀봉 곰넘이봉 사다리재 부리기재 새목재 차갓재 작은차갓재 폐백이재 벌재 빼재 뱀재 늦은맥이고개 마당치 고령치 마구령 늦은맥이재

도래기재 곰넙이재 치돌배기 은대봉 금대봉 비단봉 노루메기 닭목재 새목이 생계령 쇠나드리 큰새이령

지도첩을 넘기며
다시 만나는 백두대간

얼굴을 디밀며
텃세를 부리고
붙들고 늘어지며 힘겨워했던 호흡을
치켜보던 그 눈빛들

＞

그들이 다시 손을 쫙 펼쳐
내 가슴을 짚어 자국을 내며
일어서는 것만 같다

심정(心旌)*

피가 섞인 콧물이 흐른다
침을 삼키려면 터져버릴 것 같은 목울대,
온몸을 웅크린 오소리 꼴이 되어서는 주위를 살핀다
아침이면 어김없이 핏덩이 섞인 가래를 한 움큼씩 뱉어낸다
허기로 숨 쉴 기력조차 없지만
막상 밥알은 단 한 톨도 목구멍 속으로 삼킬 수 없다
누가 내 머릿속에서 맷돌질을 하는가
틈 없이 덤벼드는 두통
아, 모든 게 자근자근 이를 무두질해대며
하산! 그만 하산하라고,
후들거리는 허벅지로 겨우 버티고 서 있는 나를 밀어
바람 앞에 세운다

오후 4시, 한낮도 훨씬 지났는데 햇살은 여전하다
저 기세라면 어제 내린 폭설도 농담처럼 가볍게 녹이고,
바람은 다시 구름을 불러 모아
하늘을 잘게 부숴놓을 것이다 거짓말처럼
반복되는 폭설 그리고 오한

＞

오늘이 며칠이더라,

환각처럼 보이는 저 멀리, 빙하 아래쪽으로

소용돌이치며 흩어지는 내가 보인다

---

*마음의 깃발. 바람에 나부끼는 깃발처럼 마음이 안정되지 않아 산란한 상태를 이르는 말.

야크

꺾이거나 부러지지 않을
저 다리, 저 무릎

무너지며 흘러내리는
파석(破石)의 모레인 지대*
깎아지른 급사면에
사선(斜線)을 그으며 전진하는 야크**

삶과 죽음을 함께 담보하는
고산의 영역과
어리석은 외눈박이 인간들을 연결하는
특별한 짐꾼
저 특별한 구도자(求道者)

가끔 하늘을 볼 뿐
가끔 커다란 머리를 흔들어 털 뿐
할 말은 있지만
어금니를 물어 입을 닫은

묵언의 정진

그들의 주먹만 한 까만 눈동자에 담겨 있는
알 수 없는 경계 밖 그곳으로
외눈박이 인간들을
인도해 간다

---

*빙하에 의해 운반되어 쌓인 퇴석구(堆石丘) 즉 돌, 모래, 흙들이 거대한 강처럼 형성된 지역.
**티베트와 히말라야 지역 고산지대에서 사는 긴 털과 짧지만 강한 다리를 갖고 있는 소의 일종으로, 하루에 무거운 짐을 30km이상 운반할 수 있어, 티베트 등 고산지역에서는 주요 운송수단으로 이용하고 있다. 야생종은 고도 4,000~6,000m에 이르는 고원에 분포해 살고 있다.

크레바스*

칼질을 당한 커다란 흉터였다
아니 긴 시간 날을 세운 깊은 생각이었는지도 모른다

목을 뻗어 내려다보는 순간,
보이지 않는 바닥 그 어두운 곳으로부터
빙하의 서늘한 입김 훅 올라왔다
색깔을 분간할 수 없는
기억에서조차도 사라져버렸던 그런 어둠이었다
순간 주춤, 허벅지 근육에 힘이 들어가며
두려움이 힘을 썼다

영원히 헤어나지 못할
속박(束縛)의 공간

입구에서 떨어진 얼음 조각들이
섬광처럼 잠깐씩 반짝거리곤
깊은 얼음벽을 따라
나의 시선과 함께 어둠 속으로 사라졌다

>

가늠할 수 없는
시간의 함정

---

*빙하가 갈라져서 생긴 좁고 깊은 틈. 크레바스는 좁은 곡지를 흐르던 빙하가 넓은 장소로 나가는 곳이나, 곡류하는 지점을 만나게 되면 그 지역을 중심으로 집중적으로 생성된다.

바람이 되어, 바람의 소리가 되어

새벽까지도 바람은 텐트를 잡아 흔든다
정신에 섬뜩 불이 켜지고
밤새 어둠을 밟고 온 새벽은 칼날처럼 선연하다

고요한 함성,
명치 끝 어디쯤에 뭉쳐 있던 불꽃인가

라마제* 때 건 불경(佛經) 빼곡히 적은 깃발들이
바람 앞에 안간힘을 쓰고 있다

온몸을 뒤척이던 바람은 나를 흔들어 세우고
낭파라를, 갸브락 빙하를, 끝없는 티베트 설원을 간다
내가 딛고 서 있는 여기, 이 땅의 끝
초오유 정상 너머로까지 뜨거운 갈기를 세운다

아, 거대한 빙하와 속을 알 수 없는 높고 거친 설산들
그들 앞에 내팽개쳐진 듯
나는 혼자다

>

한 번도 가보지 못한,
그러나 가고 싶은 그곳으로
바람이 되어,
그 바람의 소리가 되어

---

*일반적으로 원정대들이 등반의 성공과 무사귀환을 산신에게 기원하는 전통적인 티베트의 불교의식.

노란부리까마귀

 생각으로 가득 차 있는 눈동자는 치명(治命)*과도 같았다. 노란부리까마귀는 5,700미터나 되는 전진 캠프까지 올라와서도 도무지 울지 않았다. 나의 작은 몸짓에도 휙 날아올라 얼어붙은 고산의 하늘을 깨뜨리며 작은 점으로 사라지곤 했다. 고산지대엔 어울리지 않던, 눈물이 할 말을 움켜쥐고 있던 눈빛. 어쩌면 서로 다른 몸을 얻어 입고 나와 같은 곳을 바라보고 있는 것인지도 몰랐다. 살아서 돌아갈 수 있을까. 두려움이 빈 배낭을 끌어안고 선잠이 들곤 했다.

 살아서 맞는 새벽. 날씨를 살피려 텐트 밖으로 고개를 내미는 순간, 노란부리까마귀들 바위 위에 앉아 일제히 그곳을 바라보고 있었다. 정상의 만년설! 나는 없는 길을 찾아 가야 하는 저들의 생각과 기어이 마주치고 말았다.

---

*운명할 무렵에 맑은 정신으로 하는 유언.

제2부

초오유

거대한 신(神)의 머리
초오유

회청(回靑)*을 쏟아부은
저
태초의 침묵

---

*백토 도자기에 푸른 채색을 올리는 안료(顔料).

카주라호 역에서 눈동자 없는 사내를 만났다

파열이 만든 깊은 간극
피켈로 얼은 눈을 찍어 저만치 던져본다
깊은 메아리로 답을 하는 크레바스,
두려운 눈빛의 시간
돌아오지 못한 향기의 시간

장딴지를 툭 건드리는 장님의 작대기
백년은 넘었을 침목들이 버티고 있는 카주라호 역*
건너편 플랫폼

그곳에 그을린 석상처럼 서서
다시는 움직이지 못할 것 같은 열차, 창에는
세상에, 감옥처럼 창살이 있다
그 안쪽 컴컴한 틈새로 빠졌던 시선
돌아오는 길을 잃고 말았다

눈동자 없는 눈
그와 나는 불편한 자리로 마주섰다,

크레바스!

당신은 나를 볼 수 없다
우리는 서로를 알아볼 수 없다

---

*뉴델리에서 남동쪽으로 620km 정도 떨어진 인도 중부의 유서 깊은 도시의 철도역.

해빙
—판대빙폭*

혹한을 잡아들고
봄비 속으로 사라진다

몸마저 풀어, 찢어지면서
아랑곳없는 깊이
제 얼굴 강바닥으로 떨구며
겨울을 떠나고 있다

먹먹한 빗발 속에서
격막에 갇혀 몸을 여는
저 굉음의 밖,

우리가 찬 손등을 포갤 때
투명했던 시간의 심장이
천둥 같은 음악으로 되돌아온다

처음 그때로 돌아가는
마지막

춤

아, 눈부셨던 경직(硬直)

---
*강원도 원주 판대유원지에 있는 100m 높이의 인공 빙폭.

설산 아래에 서서

발을 헛디뎌 몸이 넘어진다
산도 넘어진다
겨우 추슬러 마음 하나 도로 세우고
이제는 보이지 않는 너를
혼자서 본다

설사면에 튀긴 햇살이 칼끝처럼 몸속을 파고든다
냄새로 찾아가는 설산의 내막
바람은 울음으로나 길을 찾아 가는데
여러 번 꺾인 몸은
조각난 얼음 속으로 파묻히고 밟히면서
누구를 찾아 가는가

끝도 없는 고집
혼자 앞장 세워 겨우 모퉁이 돌 때
아, 저기 설산 아래 까맣게 떠오르는 사람
이름도 지워버린 채

〉

울지도 못하면서
무릎만 젖어 흐르는 너는
오래 흔들리면서
무한정 기다리는 나는

이제 겨우 이틀째

1.

끌어안을 듯
산자락을 뻗쳐 벌리고 있는 능선

셀파 텐징
나와 묶여진, 수(數)로 적을 수 없는
무한정의 인연들 중에
이런 인연이 있었을까
마치, 나의 목숨 떠받치듯
내 뒤를 밀고 온다
쇳소리 같은
날선 숨결 사이에 두려움을 숨기고 있는
내 호흡을 흉내 내어
자신이 뒤에 있음을 알린다

2.

텐트 바닥이 얼어 올라오는 새벽, 꿈속이었다
삼신(三神)이라 불리는 할머니

집채만 한
명패(命牌) 보따리를 이고 와서는
산사태, 너덜을 쏟아 내리듯 내 앞에 쏟았다

파묻혀 죽을 듯 놀라
허공을 움켜잡고 버둥거렸는데

나와 이어 묶을 명패는 없었다

이 무한정의 명패들
순간, 수만 송이의 붉은 꽃송이가 되며
보따리는 터져나가고
그 차가운 꽃송이들이 깨우는 소리에
눈을 떴다

아, 이제 겨우 이틀째

빙하

지금을 영원이라고 하자

생각의 흔적마저 지워가는
시간의 눈빛이거나 고뇌라고 하자

처음부터 내 것이 아니었던
아름다움처럼

영원을 지금이라고 하자

비박

숲을 뒤흔드는 바람이 비질하듯 내 볼을 쓸고 간다. 바위 바닥을 만지작거리며 흘러내리던 계곡의 물소리, 어둠이 깊어지자 온 숲을 다 파내어 가려는 듯 아우성치며 내 귀를 잡아 뜯는다. 견디지 못하고 랜턴을 켠다. 겨드랑이를 허옇게 드러낸 나뭇가지들이 덤벼들어 나를 덥석 끌어안는다. 가지 끝에 나뭇잎들은 피곤한 나를 더듬어 깨워 앉히고, 바람은 어느 틈에 턱 아래 내 목을 다시 감아 잡는다. 나는 두려움에게 멱살 잡힌 채 새벽까지 잠들지 못한다.

어렵게 짙푸른 여명의 틈이 어둠을 들추기 시작한다. 그러나 아직 숲은, 계곡은, 너무 어둡다. 내 옆에 밤새 시달린 새벽이 계곡 아래로 떨어질 듯 위험스럽게 졸고 있다. 나는 다시 짧게 토막 낸 매트리스 조각에 어깨와 엉덩이를 맞추어보려 무릎을 오그려 누워본다. 깜빡, 졸음이 저 계곡 아래로 떨어지며 눈을 뜬다.

길게, 길게

종일 바람이 불었다
잠시 쉬던 바람, 석양빛이 스치자
움키듯 베이스캠프 흙바닥을 긁어
황토 기둥으로 솟구쳐 올랐다
바람에 놀란 하늘
붉은 먼지로 가득 찼다

하얗게 얼어붙은 텐트를 긁어대며
밤새 사각거렸던 생각들
먼지기둥에 빨려들어 가
팔이라도 잡아챈 듯 구겨진 표정
내게서 눈을 떼지 못한 채
다부체* 쪽으로 끌려갔다

키보다 낮아진 석양

철수하는 셀파와 대원들의 발걸음
태우듯 차갑게 비추고

어둠을 섞어

길게, 길게 발자국을 그리는 그림자와 함께

귀환하고 있다

---

*네팔 동부 쿰부히말 지역에 있는 봉우리로 아마다블람(6,856m)의 서쪽에서 서로 마주보고 있다. 다부체란 '말 앞의 발자국'이란 뜻.

높이의 힘

높아질수록 거칠어질수록
돌부리에 채이며 쓰러질 뻔한 숨소리가
있지도 않았던 일처럼
침묵 속으로 사라진다

침묵은 두려움으로부터 오는 어둠일까
눈뜰 수 없는 설원의 밝음일까

겹겹이 껴입었지만
불편하도록 두꺼운 장갑과
삼중화를 스미고 들어오는
바라보는 눈빛을, 소리를,
만용과 깍지 꼈던 자신감까지 얼려버리는
저 비탈의 정리되지 않은 높이의 힘

처참한 사고의 상상
걸을수록 그만큼 흔들릴 수밖에 없는
그 안 깊숙한 곳에서 오히려 선명하게

덜그럭거리고 있는,
새파랗게 질려서
투명한 알몸처럼 감춰지지 않는다

그러나 있지도 않았던 일 같았던
없을 곳에 대한 사라지지 못한 끌림이
없던 소리가, 없어진 소리가,
오르기로 오르겠다고 결정했던 처음 그것이
걸음이 되어 걸음이 되어
여기를 오르고 있다

정상엔 아무도 살지 않았다

하늘마저 얼어붙은 정상에 풍경 따윈 없었다. 적막을 뒤집어쓴 허공만이 나를 반길 뿐이었다. 얼음의 숨결이 내 숨결을 막았다. 찰나의 환호성마저 바람이 잘라먹었다. 하지만 神은 끝내 모습을 보여주지 않았다.

정상엔 아무도 살지 않았다

낮달

지난밤
누군가를 기다리며
꼬박
밤을 새우더니

오늘
한낮이 되어도
돌아가지 못한 채

망연자실

지쳐
흔적만 남은
저 눈빛

봄날 오후
―여탄리(余呑里)에서

비 개인 후

산벚꽃잎들 함석지붕 위로
붙는다, 뒹군다, 날린다,
뛰어내린다

비 젖은 황토마당 겹겹,
달라붙는다

고개 돌려 올려다보니
달아오른 바람

당골 숲속을
뜨겁게 파고든다

낯빛 붉게 익은
봄볕

점령군처럼 처마 밑으로
저벅저벅 들이닥치는

살아서는 건널 수 없는

푸른 구름이 떠내려 와 해를 가린다
기온이 뚝 떨어진다
춥다

누가, 검은 눈동자를 건너는 것일까

지도에도 없는
크레바스

살아서는 결코 건널 수 없는

누구나 죽어서야 다시 살아나는,

제3부

입동(立冬)

한 번도 가본 적 없는

새벽 서리 맞은

하늘

하얗게

풀 먹여 말린 한지마냥 팽팽한

막(幕)

그대의 실눈에 갇힌

나의 겨울은

아직도 멀다

가마 속 풀벌레 소리
—옹기가마 앞에서

가마 속도 아직은 마음이 덜 풀린 석양빛이다

나도 이젠
가슴을 조여 오던
설렘도 그리움도 다 삭은 듯하다

아마도 저 어두운 숲속
풀벌레 소리와 달빛마저 다 가져다
태워야
오늘밤 그리움이라는 그릇이
잘 구워질 것 같다

그래, 보고 싶은 마음
한 번 더 쪼개어
관솔로 넣고 기다려보자

아침

눈 덮인 속살을
하얗게 드러내고 있는
민낯의 겨울 숲

그 눈밭 위에 역광으로
수정빛 하늘을
배경으로
갖고 있는

눈부신 아침 햇살

그 햇살 드러내려
애를 쓰는

뜨거운 입김

전어설법(錢魚說法)

꼭 찜통만 한 수족관을
쏜살같이 돌고 있다

다들 신이 났다

까만 눈을 반짝이며
연신 웃어대고 있다

수족관 안이 소란스럽다

작은 뜰채에 잡혀 나가면서도
푸른빛 비늘을 튕긴다

반짝 반짝
신이 났다

"이렇게 사는 거야!"

﹥

힐끗

내게 눈치를 준다

新서예법

중국에 다녀온 친구가 사다준

붓

물을 찍어
백지 위에 글을 써본다
빽빽이 신중하지 않게

앞서 쓴 것은 곧 말라버리고
모두 얼마 가지 않아
말라버리고 만다

그렇게 된 백지 위엔 아무것도 남지 않는다
처음 펼쳐놓았던
흔적조차 없어진
본래(本來)의 그 백지

거기서 나는

환하게 비워져 버린 나의
마음 한쪽을 목격한다

소한(小寒)

양철지붕 끝에

겨우 매달린

고드름

그 끝을

힘겹게 떠받치고 있는

말갛게

속을 비운

초승달

장마 소묘

현관 한쪽
배를 내밀며 쓰러진 골판지 박스들
눅눅한 걸음으로 몰려오는
묵은 습기들의 숨

날쌔게 처마 밑으로 달아난 아이들,
빗발은 그쪽이 더 맹렬하다

귀를 감싸 쥔 빗소리

낮게 가로 걸린 붉은 빨랫줄
팔다리를 늘어뜨린 빨래들이
창문 너머만 멀뚱거리는 선풍기와
마주보는 그 사이

잘 빗긴 머릿결 같은
빗물 자국 따라
마당을 빠져나가는 여름의 발자국

자월도(紫月島)

섬에 갔었다

젊은 것들 다 떠나고 노인들뿐이었는데
더 부지런히 죽어라
물 빠진 갯벌을 뒤지고 있었다

그렇게 손과 발 모두 써가며
마치 그 섬을 바다 안으로
저어가는 것처럼

그 섬이 떠 있는 이유가
거기에 있었다

저만치 허리를 짚고 서서
아버지를 기다리던 배불뚝이 엄마처럼
배불뚝이 누나처럼

그 섬은 아직도

상기된 붉은 낯빛으로
삶을 잉태하고 있었다

가을
―옆집 꼬마친구 신영에게

아이들 말투는 모가 나지 않아 좋다

잠자는 얼굴을 그려놓고는
웃는 얼굴이라 한다

"가을은 가을은 노란색 은행잎을 보세요"*
언제나 끝이 날지 모를
같은 소절을 반복하며 뛰어다닌다
노랫소리만큼 은행잎이 쏟아진다

땅바닥에서 웃던 얼굴이
은행잎에 묻힌다

"가을은 가을은 노란색……"
뒷마당에서 우수수 박수 소리 들린다
바람이 박수 소리를 쓸어간다

땅바닥의 얼굴이 고개를 내밀며 다시 웃는다

나부끼는 아이들의 머릿결
모가 나지 않은 노란 가을빛이다

---

*동요 〈가을〉(김성균 작사·작곡)의 한 소절.

보름달 한 상자를 샀다

둥그렇고 커다란 무쇠솥 뚜껑을 열어젖히면
하얗고 맛있는 보름달들이 가득하다

1톤 트럭 가득 실어낼 만큼
밤낮없이 보름달을 쪄내는
원조 안흥찐빵집

꼭 회의실 같은 주방 안에는
화한 얼굴 할머니들이 둘러앉아
달을 빚는다
하얀 가운 입고
머리에도 하얗고 이쁜 달[月]을 썼다

할머니들은 틈틈이 손에 묻어 있던 달가루를
탁탁 턴다
주방바닥에 하얗게 뿌려져 쌓인
달가루

>

그래, 원조 안흥찐빵집은
일 년 열두 달
가게 안엔 하얀 달가루가 지천이고
둥그런 보름달을
내 마음껏 살 수 있는
언제나 열려 있는 달공장이다

하지(夏至)

집 뒤 밤나무들

밤꽃으로 범벅이 되었다
떼로 날아온 나비들이 뒤엉켜 논다

정신줄 놓은 밤나무꽃 꽃술들

바람에 흔들리면서도
손짓하며 뭐라, 뭐라고
열심히 젖 빨며
엄마 눈빛 놓칠까봐
틈틈이 섞어 울어대는 갓난애처럼
나비에게 떠들어대고

집 뒤 밤나무들
지금,

귀 따가운 밤나무꽃 꽃술들

헛것처럼 보이는 나비들 날갯짓
밭은 숨 몰아쉬는 아기 눈빛
뒤범벅이 되어

난장(亂場)이다

겨울 천렵

얼어붙어 버린 온기를 안주 삼아
소주도 한 잔 뿌려 태운다
뽕나무, 밤나무, 엄나무

오랜만에 저 없어지는 줄도 모르고
불꽃으로 뽐을 낸다

우쭐대는
아신리 김 이장처럼
송촌리 최 반장처럼

옆집 어른 맨날 얘기하는
동동구루무, 포마드 기름은
번쩍 번쩍
옛날 얘기에 펑 취했고

불꽃 찾아 나들이 온
이쁜 나비 날개편

꽂고 다니는
양수리 설다방 명다방
티켓 아가씨

불꽃에 비친 얼굴이
붉다

잡초

한 움큼
흙을 집어 들었다
흙이 아니었다
한 움큼의 씨앗이었다
생명이었다

장맛비 그치자
텃밭의
원래 주인이
찾아왔다

잡초였다

제4부

하면(夏眠)
— 나의 방산(芳山)*

　세상에표정을갖고있는것은빼놓지말고쓰고그려보라했다
생명이있든없든돌이나재같은것도소중하게여겼다살금살금
조심조심살피고살폈다조약돌주먹돌꼭무언가를닮은것같은
바위바위옆을흐르는개울개울따라핀자줏빛산수국그꽃위에
앉아꽃가루날리고있는나비들그형형색색날개에눈길이붙잡
혀아예쭈그리고앉아넋을놓았다쏟아진넋이신기해그위에내
려앉은노랑새곱디고운목소리로뭐라하며울고이꿈인가저꿈
인가물속에있던개구리물위로주둥이내밀고는뭐라고뭐라고
자꾸물었다개굴개굴꾸왁꾸왁꽈아악꽈아악이소리에정신이
들어꽃가루곱게쌓인눈꺼풀치켜올리며방금나를깨운그개구
리소리를그려보려애를애를썼다개구리는호기심끝낼줄모르
는나를안스럽게지켜보다지켜보다두꺼운눈꺼풀떨구고잠이
들었다나도꼼짝않는그생각에매달려있다가오래도록매달려
있다가깜빡잠이들어버렸다방산(芳山)세상에서는동안거하
안거모두다잠이고잠속의꿈이었다

---

*박제천 시인의 호.

뚝

손가락 뚝뚝 꺾으며

관절과 관절이 부딪는 소릴 듣는다

어쩌면 그것은 방금 무너져 내린

울음으로 지어올린 벽이었을까

차분히 기대어 전해지지 못한 손짓

손가락 펼쳐 보이던 꽃잎

휘파람 소리처럼 멀어지고

소리가 굳어버린 밤

이슬

\>

떨어지는 소리만

뚝!

돌멩이 꽃등

밤새
봄비 그치고

처마 아래 낙숫물 떨어진
흙바닥 틈새

빗물 맞아
반들반들해진
돌멩이 하나

아침 햇살 받아
빨~간
꽃등이 되었다

첫,

미리 온 봄볕

시퍼런 칼날의 끝

찌르듯 마주친

첫, 새순

땅을

뚫고 올라오는

하늘의 계시

봄, 사~악

사~악

그가 삐쳤을 거라는 생각이 들었다

산수유 가지가

고양이 발톱 꺼내듯

바람을 향해 사~악

싸늘한 아침

진달래꽃

진분홍 입술처럼

조신하게

사~악

입 맞춰도 될까

그의 마음 풀린 걸까

내게로 달려드는

창을 가득 채우며
내게 와락 달려 들어오는

아주 오래전부터
언제나
그렇게 나를 가득 채우며
숨 가쁘게 하던

변치 않는 약속
온기 섞여 불어오는 희망

그대로부터
투명한 아침이 오고
푸른 밤이 오고
별이 오고
가슴 미어지는 사랑이며 미움이며
그리움이며 서러움이

\>

귓가의 솜털 같은
연둣빛 새순으로
내 마음의 창을 가득 채우며
내게로 달려드는

불이야

봄이다!

불이다!

어허?

겨우내 쓸었던

싸리비 같던 산등성이

불이 붙었다

진달래 꽃불이 붙었다

진달래들

일제히! 동시에!

>

호루라기 불어댄다

불이야!

성묘

아직도

울컥

보고 싶어요

어떻게든 만나서

엄마 커다란 젖가슴에

이마 파묻고

엉엉

울고 싶어요

보고 싶어요

울컥

젖은 이마

바로 그 앞에

파란 싹이

울컥

사랑이란

서로를 귀하게 여기는 것

소중하게 여기는 것

이 마음

죽음으로 헤어질 때까지

간직하는 것

상대와 상관없이

내 마음속

내 것으로 만들어 가는 것

벚꽃잎처럼

바람에 뜯겨

흩어지고

쏟아지는

벚꽃잎처럼

한번

흐트러져 보는 거야!

곤드레나물밥

물에 잘 불려 삶은 곤드레나물
지난봄 가뭄을
빨래 헹구듯 찬물에 헹구어
숭덩숭덩 대강 썰어서는

들기름과 소금으로
손맛 나도록 꽉꽉 주물러서는
끓는 밥 위에 뿌리고
뜸이 들기를 기다린다

솥뚜껑 열어젖히면
메말랐던 봄 냄새가
훅! 올라온다

나물보따리, 보따리 져 내리던
빕새울 너머 무건골 선순이
목덜미 근처 옷깃 사이로
훅! 올라오던

그 매캐했던 봄나물 냄새

옛날엔
나물에 쌀 임내*만 내고 끓여
홀홀 마시듯 끼니 때웠다던데
이제 그리는 못 먹지, 안 먹지
별미며 특식이 되어버린 곤드레나물밥

봄날, 잎 죄다 뜯기고도
한여름이면
보랏빛 꽃 무리 지어 피우며
우리를 위로해주었던,

---

* '흉내'의 강원도 사투리.

사랑
―두 번째 편지

"보고 싶어!"라고

소리 내어 버리면 안 된다

보고 싶다는 마음

보고 싶은 마음

그렇게 소리 내어 버리면

그리움은

투명한 여백이 되어 사라져버려―

꼭꼭 마음 안에

가두어 두고 있어야

끌어안고 있어야

새겨두고 있어야

계속 외로울 수 있고

그래야

그 괴로움으로 내내

행복할 수 있는 거다

우장춘(禹長春)

국모(國母) 민비의 암살사건에 휘말려
망명의 길을 떠나야만 했던
아버지의 나라
내가 책임져야 할 또 하나의 집안이 있고
내가 거두어야 할 또 하나의 형제들이 있는
나의 조국 대한민국.

나를 키워준
그러나 나를 차별하고 냉대했던
어머니의 나라
또 하나의 조국 일본.

가해자이자 피해자인
나 우장춘(禹長春)
이제는
아버지의 죄를 대속(代贖)하기 위해
마음 안 깊숙이 담아놓았던
존경하고 그리웠던 그 아버지를 위해

나를 위해 헌신했던 그 어머니를 위해

그리고

해방은 얻었으나

파탄의 절벽 앞에 서 있는

나의 농투성이 형제들을 살리기 위해서

내 조국의 농업(農業)과 농학(農學)을 키우기 위해

나의 모든 것을

아버지의 조국에

나의 조국에 바치고자 한다.

나 우장춘의 씨앗을—

⟨참고⟩
1943년에 개발 완성된 '씨 없는 수박'의 개발자는 쿄토대학의 기하라 히토시(木原均) 박사이다. '씨 없는 수박'의 종자가 한국에 수입된 것은 1952년 한국전쟁 중이다. 일반 대중에게 농업과 농학에 대한 관심을 높이기 위한 많은 강연이나 행사 과정에서 예시되거나 시배된 '씨 없는 수박' 시식회 그리고 부주의한 광고기사 등으로 인해 잘못된 내용이 고정적인 사실이 되어버렸다. 교과서에 실렸던 '씨 없는 수박'에 관한 내용은 1988년에야 정정되었다.

경칩(驚蟄)

봄이
겨우내 이 앙다물고 있던
계곡
그 하얗던
얼음의 허벅지 아래를
달구자
녹아 주저앉은
물소리

그 소동에
애꿎은 개구리만
잠에서 깨고……

해설

섭입(攝入)하는 차원(次元)의 시, 혹은 생의 미진(微震)

백인덕(시인)

1.

가느다란 생각이 이른 오후의 햇살 아래 희고 더 가는 뿌리로 자란다. 이렇다 할 분기점(分岐點) 없이 마구 뻗어 나가고 있다. 연 이틀 장마처럼 쏟아지던 굵은 비가 멈추고, 소도시의 중심은 이미 한여름보다 더 뜨겁게 달아올랐다. 언제였던가, 밤나무 넓은 그늘 아래 담소와 연거푸 들이켜도 달콤하기만 했던 낮술의 맛과 향을 새삼 기억한다. '때'를 생각했다. 끝내 때를 맞추지 못한 이 글에 배어들 죄스러움 때문이기도 하지만, 작심과 결심처럼 공간적 상황에 구속되는 '시간적 계기'가 아니라 '그냥'이라는 말에 숙명이나 운명이라는 머리를 덧대도 전혀 지나칠 것 같지 않은 '사건'이 일어나는 지점(시-공간)을 생각했다. 시인의 고집이라 할 수 없다. 그것은 차라리 존재의 기투(企投)에 가깝다. 시인은 '때'를 잘 맞춘다. 아니, 조성한다고 해야 옳을 것이다. 밖에서 보면 의외이고 돌발일 수 있지만 사실은 기획된 것이고, 무엇보다 놀라운 것은 그 '기획'이 순리적이며 자연스럽다는 데 있다.

최영규 시인의 이번 시집, 『크레바스』도 크게 보면 '산/일상'이라는 테마로 나뉜다. 주지의 사실이지만 시인은 '산악인', '등반가'라는 호칭을 붙여도 별 무리가 없다. 하지만 '산사람'이나 '산시인'이라고 부를 수는 없을 것 같다. 그 이유는 시인의 일상에 대한 작은 정보를 통해서도 확인할 수 있다. 그 부분은 글의 뒤에서 언급하기로 하고, '산/일상'을 일종의 오브제로 대척점에 놓지 않고 존재의 현현(顯現)으로 이해하려는 기획으로 이번 시집을 읽어보려 한다.

하늘마저 얼어붙은 정상에 풍경 따윈 없었다. 적막을 뒤집어쓴 허공만이 나를 반길 뿐이었다. 얼음의 숨결이 내 숨결을 막았다. 찰나의 환호성마저 바람이 잘라먹었다. 하지만 神은 끝내 모습을 보여주지 않았다.

정상엔 아무도 살지 않았다
—「정상엔 아무도 살지 않았다」 전문

시인은 이미 알고 있다. 표제 그대로 받아들이면 "정상엔 아무도 살지 않았다"라는 것을. 그런데 '풍경 따위' 없는 '하늘마저 얼어붙은 정상'에 왜 그토록 오르려 했던 것일까? "신은 끝내 모습을 보여주지 않았다"라는 부분에서 억지로 유추해서 '신성(神性)'에 가닿고자 하는 극한의 초월 의지 때문이었다고 이해해야 할까. 아닐 것이다, 아니 어쩌면 그런 이해를 '정상엔 아무도 살지 않았다'라는 마지막 행과 더불어 이해하면 이른바 초월이라고 하는 것의 순간성, 즉 찰나에 실현되지만 그 실현조차도 찰나에 지나지 않는 속성에 대한 실체적 확인이라고 비약할 수도 있다. 가봤더니 아무도 살지 않고, 심지어 신조차 모습을 보여주지 않고 '적막한 허공과 바람'만이 자기 세계를 증명하더라. 즉, 나는 객이고 이방인이고 번외자라는 인식만을 더 철저히 하게 됐다고 이해할 수도 있다.

시가 존재의 전부, 그 의의를 오롯이 드러내거나 최소한 충실하게 의미를 표현하는 유일은 아닐지라도 최선의 방편 중 하나라고 믿을 이유는 없다. 시는 존재의 음영(陰影)을 관여의 기울기에 따라 이렇게도 저렇게도 반영(反映)할 수 있으면 족할지도 모른다. 과작인 시인은 그 경과를 언어적 표현으로 상세하게 기록하지는 않았지만, 그가 닿고자 하는 결론에 대한 기본 사유와 인식, 그 표현의 수단들을 목표 이전에 기획, 구비한 것으로 보인다.

푸른 구름이 떠내려 와 해를 가린다

기온이 뚝 떨어진다
춥다

누가, 검은 눈동자를 건너는 것일까

지도에도 없는
크레바스

살아서는 결코 건널 수 없는

누구나 죽어서야 다시 살아나는,
　　　　　　　—「살아서는 건널 수 없는」 전문

　위의 작품은 극도로 압축되어 있다. '사상(事狀)'을 숨긴 일종의 관념시라고 해도 무방할 것이다. 하지만 '검은 눈동자', '크레바스'와 같은 시어들의 상징은 범위를 지나치게 확대할 필요 없이 이번 시집을 통해 그 속성이 드러난다. 다시 말해 이번 시집은 잘 구비되어 있고 약간의 읽는 수고를 통해서도 핵심에 다가설 수 있도록 배치되어 있다. 어쩌면 이런 부분이 최영규 시인의 '시법'을 포괄하는 '심법(心法)'의 요체일지도 모르지만.
　가슴을 치는 한 구절, "누가, 검은 눈동자를 건너는 것일까" 우리는 어떤 물음에 대해서는 그 방향과 무게, 깊이와 편

차를 따지지만 아마도 진정성은 물음 자체거나 그 대답에 깃들지 않을 수도 있다. 돌발적인 어떤 '틈'에서 "누구나 죽어서야 다시 살아나는" 그 지경이 보일 수 있는데, 그것을 시인은 '크레바스'라고 명명하기를 주저하지 않는다.

2.

잠시 소도시의 중심, 이국적 카페에 앉았다. 출력한 작품조차 '엣지(edge)' 있게 다 읽지 못하고 둘둘 말아 쥐고 돌아섰다. 리듬은 생명과 곧바로 연결돼, 아니 그 자체라서 가속팽창하는 우주에서 헐떡대는 심장까지 다 이어져 있다. 그중에서 이 행성에 뿌리내린 존재들은 결국 그 상황이 창출하는 환경, 대표적으로 계절 감각에 민감할 수밖에 없다. 이상기후이니 지구온난화니 하는 담론들은 다 제쳐두고, 갑자기 시작된 장마 같은 비와 초여름 더위 속에서 '봄'의 이미지와 상징을 읽는다. 표면에 드러난 그대로 눈으로 읽는다.

  미리 온 봄볕

  시퍼런 칼날의 끝

  찌르듯 마주친

첫, 새순

땅을

뚫고 올라오는

하늘의 계시

—「첫」 전문

　최영규 시인은 '봄'이라 하지 않고, "첫"이라고 한다. 이걸로는 좀 부족하다. "첫," 하고 찍힌 쉼표는 숨을 고르라는 의미보다는 앞으로 전개될 경이(驚異)에 대한 예고로 작용한다. 시인은 "봄볕"을 "시퍼런 칼날"이라 인식하지만 "땅을//뚫고 올라오는" "새순"의 기개 또한 "하늘의 계시"라는 이름으로 그 "시퍼런 칼날의 끝"과 마주설 수 있게 한다. 이것은 생명의 발아(發芽)에 대한 지극한 찬사에 다름 아니다. 그래서 시인에게 봄은 비록 각양각색이지만 하나같이 약동(躍動)의 무엇을 품고 있다. 가령 「봄, 사~악」에서는 싸늘한 아침에 "진분홍 입술처럼" 벌어진 진달래꽃을 보고 "조신하게//사~악//입 맞춰도 될까요"라고 말 그대로 '춘정'을 드러낸다. 하지만 역시 '춘정' 자체를 그렸다기보다는 "그의 마음 풀린 걸까"라는 마지막 행에서 유추할 수 있듯이 "앙"인 겨울과 "사~악"인 봄의 길항에 더 집중한다. 한 작품만 더 보자면, "밤새/봄비 그치고" 난 뒤에 그 봄비가 새순뿐만 아니라 상대적으로 단단하고 그래서 소통불능일 것 같은 "돌멩이"까지 영향을 미치는 것을, "밤새/봄비 그치고//처마 아래 낙숫물 떨어진/흙바닥 틈새//빗물 맞아/반들반들해진/돌멩이 하나//아침 햇살 받아/빨~간/꽃등이 되었다"(「돌멩이 꽃등」)고 한다. 봄비를 맞아 돌멩이마저 하나의 빨간 꽃등이 되는 세계는 말 그대로 생명이 약동하는 축복의 '때'이다.

아직도

울컥

보고 싶어요

어떻게든 만나서

엄마의 커다란 젖가슴에

이마를 파묻고

엉엉

울고 싶어요

보고 싶어요

울컥

젖은 이마

바로 그 앞에

파란 싹이

울컥

—「성묘」 전문

그럼에도 불구하고 '약동하는 생명'은 시간의 너울 아래로 깊이 침잠(沈潛)한 기억이 삐죽 솟구치는 것을 다 가리지 못한다. 분명히 '파란 싹'이 그 어느 때처럼 '하늘의 계시'처럼 땅을 뚫고 올라오는 것이지만 특정한 순간에 그 몸짓은 '울컥'이 되어버린다. 되돌릴 수 없음에 대한 무한 인정이거나 '울고 싶고, 보고 싶은' 마음은 다른 방향으로의 분출을 예견하게 한다.

몸에서 비롯하는 '차원(次元)'은 순수하게 수학적이지 않고, 모순 없이 증명되지도 않는다. 우리는 수학의 언어로 우주를 이해한다고 하지만, 존재로서는 그 언어를 편취하거나 빗나가는 지점을 겨냥한다. 다 그렇지만 결코 그렇지 않은 것이 '삶'이라는 우리의 숙명이다.

> 한 움큼
> 흙을 집어 들었다
> 흙이 아니었다
> 한 움큼의 씨앗이었다
> 생명이었다
>
> 장맛비가 그치자
> 텃밭의
> 원래 주인이
> 찾아왔다
>
> 잡초였다
>
> ―「잡초」 전문

인용 작품은 필자가 뜻하는바 '차원'의 의미를 제대로 보여준다. 화자는 '흙'을 집어 들었다. 그러나 그 흙은 흙이 아니라 '생명'이었다. '잡초'라는 이름을 갖고 있지만 "텃밭의/ 원래 주인이 찾아"온 것이다. 생명의 발생과 역사, 미래라는 시간적 전망을 생각한다면 "원래 주인"이라는 표현은 '지금'이라는 시간적 한계 안에 가두는 것이 반드시 중요하다. 왜

냐하면 이 지점에서 일상과 다른 차원을 지향하는 데 있어서 수많은 편차가 생겨나기 때문이다. 직접적으로 말하자면 시가 시다워지는 특이점은 그것이 사유로 숨겨지거나 표현으로 드러나거나 바로 이런 긍정의 바탕 위에서 비롯되기 때문이다.

3.

주지의 사실이지만 '섭입(攝入)'은 지진의 원인을 말할 때 사용하는 용어다. 지각판 하나가 다른 지각판 밑으로 미끄러져 들어가는 현상인데, 미끄러져 들어가던 그 힘이 축적돼 경계에서 분출하게 될 때 지진이 일어나게 된다. 지진이 일어나는 여러 요인 중에 하나라 할 수 있다. 문제는 우리가 사는 이 행성은 지각 구조만 보더라도 결코 안정되어 있다 할 수 없고, 지속적으로 급격하게 그 모양을 바꾸고 있는 중이다. 다만 엄청나게 긴 시간 속에 우리가 점유할 수 있는 시간이 상대적으로 극히 찰나이기 때문에 우리 감각은 그것을 고정, 또는 안전하다고 믿을 뿐이다. 마찬가지로 이 글에서 필자가 겨냥한 '차원'의 의미는 시적 지향이 가닿는 일종의 '고지나 심연' 같은 것이었다. 즉 공간적 개념일 뿐이다.

최영규 시인은 등단 이후(필자가 아는 바에 따르면) 두 개의 오브제, 즉 '산과 일상'을 한 몸으로 끊임없이 포섭하면서 시적 세계의 외연을 넓혀 왔다. 분명하게 인정해야 할 부분이 여기에 있다. 하나의 테마를 천착하거나 시의 외연을 확장하기 위해 끝없이 모험에 나서는 것 등등이 다 긍정적으로 인정되어야 한다면, 자기의 오브제를 이렇게 끝없이 충돌시키는 방법으로 의미의 창발을 꾀하는 것 또한 긍정적으로 인정되어야 할 가치가 충분하기 때문이다.

> 피가 섞인 콧물이 흐른다
> 침을 삼키려면 터져버릴 것 같은 목울대,
> 온몸을 웅크린 오소리 꼴이 되어서는 주위를 살핀다
> 아침이면 어김없이 핏덩이 섞인 가래를 한 움큼씩 뱉어낸다
> 허기로 숨 쉴 기력조차 없지만
> 막상 밥알은 단 한 톨도 목구멍 속으로 삼킬 수 없다
> 누가 내 머릿속에서 맷돌질을 하는가
> 틈 없이 덤벼드는 두통
> 아, 모든 게 자근자근 나를 무두질해대며
> 하산! 그만 하산하라고,
> 후들거리는 허벅지로 겨우 버티고 서 있는 나를 밀어
> 바람 앞에 세운다
>
> 오후 4시, 한낮도 훨씬 지났는데 햇살은 여전하다
> 저 기세라면 어제 내린 폭설도 농담처럼 가볍게 녹이고,
> 바람은 다시 구름을 불러 모아

하늘을 잘게 부숴놓을 것이다 거짓말처럼
반복되는 폭설 그리고 오한

오늘이 며칠이더라,
환각처럼 보이는 저 멀리, 빙하 아래쪽으로
소용돌이치며 흩어지는 내가 보인다
—「심정(心旌)」 전문

 정말 특수한 경험치가 없다면, 영상기록이나 오롯이 상상을 통해서만 가까이 다가설 수 있는 일종의 '극한 체험'이 잔잔한 시적 진술을 통해 펼쳐진다. 일상의 평온함에서 단 한 줄도 넘어서길 두려워하는 대부분의 우리는 "피가 섞인 콧물이 흐른다/침을 삼키려면 터져버릴 것 같은 목울대,/온몸을 웅크린 오소리 꼴이 되어서는 주위를 살핀다"는 생생한 진술 앞에 화들짝 놀라면서 혀를 차는 것이 일반적인 반응일 것이다. '그러게 뭐 하러 생고생을 하누'라는 핀잔 같은 반응에 시인은 '심정'을 세운다고 응수한다. 시의 주석에 따르면 심정은 "마음의 깃발. 바람에 나부끼는 깃발처럼 마음이 안정되지 않아 산란한 상태를 이르는 말"이라 한다. 그런데 시인은 여기서 "빙하 아래쪽으로/소용돌이치며 흩어지는 내가 보인다"라고 한다. 즉, 심정을 세우는 것 자체가 아니라 그것을 통해 바람의 방향을 알고 그 바람과 작용할 수밖에 없는 빙하를 보고 그 거대한 힘들의 소용돌이 속에 부대끼는 나를 보는 것이 목적이라는 것이다. 가령, 「바람이 되어, 바람소리가 되어」에서는 "아, 거대한 빙하와 속을 알 수 없는 높고 거친 설산들/그들 앞에 내팽개쳐진 듯/나는 혼자다//한 번도 가보지 못한,/그러나 가고 싶은 그곳으로" '바람'으로, 혹은 그 '바람 소리'로라도 가고 싶다는 열망은 존재의 순전한 기투이면서 동시에 좌절이다.

그러나 이 좌절은 결코 슬프지 않다. 왜냐하면 이 좌절은 "오늘이 며칠이더라,"라고 스스로 확인하고 '명치끝 어디쯤'이라고 몸을 더듬을 수 있는, 즉 '시—공간'의 감각을 한 결에서 앓을 수 있는 생명의 특권이기 때문이다. 볼 수 있어, 걸을 수 있어, 숨 쉴 수 있어, 꿈꿀 수 있어 그렇게 경사(傾斜)하는 게 모든 생명의 기본 특질이다.

그럼에도 불구하고 시인은 '크레바스'를 인식한다. 원정의 길에서 마주하는 크레바스는 실제적이고 또 존재의 무화를 위협하는 생생한 현실이다. 비록 시인은 "텐트 바닥이 얼어 올라오는 새벽, 꿈속이었다/삼신(三神)이라 불리는 할머니/집채만 한/명패(命牌) 보따리를 이고 와서는/산사태, 너덜을 쏟아 내리듯 내 앞에 쏟았다"(「겨우 이틀째」)는 꿈을 통해 존재의 위기를 말하기는 하지만, 깊이 웅크린 불안은 예의 그렇듯 좀 더 차분한 표현을 통해 드러난다.

칼질을 당한 커다란 흉터였다
아니 긴 시간 날을 세운 깊은 생각이었는지도 모른다

목을 뻗어 내려다보는 순간,
보이지 않는 바닥 그 어두운 곳으로부터
빙하의 서늘한 입김 훅 올라왔다
색깔을 분간할 수 없는
기억에서조차도 사라져버렸던 그런 어둠이었다
순간 주춤, 허벅지 근육에 힘이 들어가며
두려움이 힘을 썼다

영원히 헤어나지 못할
속박(束縛)의 공간

입구에서 떨어진 얼음 조각들이
섬광처럼 잠깐씩 반짝거리곤
깊은 얼음벽을 따라
나의 시선과 함께 어둠 속으로 사라졌다

함부로 가늠할 수 없는
시간의 함정

―「크레바스」 전문

마치 뫼비우스의 띠처럼 최영규 시인에게는 '산과 일상', 즉 존재의 '기투/현현'이 엮여 있는 것이 아닐까. 시인이 정의하는 '크레바스'처럼 "영원히 헤어나지 못할/속박의 공간"

과 "함부로 가늠할 수 없는/시간의 함정"이 그의 존재의 근거이고 결국 그 자체가 아닐까. 말하자면 아주 먼 데서 폭발해서 공명처럼 울리고 싶은 심정으로 시인은 끝끝내 이 세계의 고산을 고집했던 것이 아닐까? 그래서 '크레바스'란 정상을 위한 마지막 도정에서 만나게 되는 것이지만, 늘 두렵고 올라온 높이에서 처음의 고도를 상징하는 이름으로, '깊이'로 두렵게 황홀한 것이 아닐까? "기억에서조차도 사라져버렸던 그런 어둠"을 되살릴 방법이 없다.

4.

최영규 시인의 시적 탁월성은 사물에 대한 감각에서보다는 사건에 대한 사유와 이해에서 더 빛을 발한다. 이를 반증하는 작품들은 「초오유」나 「카주라호 역에서 눈동자 없는 사내를 만났다」와 같은 작품을 통해 확인할 수 있다. 시인은 단순히 견딜 수 없는 존재(지금의 이 공간에서)를 마구 투사(投射)하기 위해 행장을 꾸리지 않는다. 오래 고민하고, 자기 내면에서 자라는 한 차원이 다른 그것의 아래로 쑥 미끄러져 들어가거나 위로 올라타 어떤 '사건'이 분출하기를 기대한다. 그러나 그 기대는 지각판의 뒤틀림 같은 거시적 차원이 아니라 일견 사소한 것들로부터 이미 충족되기 시작한다.

"저요?"

"하얀 날개를 가진 배추나비죠!"
"세상이 얼마나 넓고 높다고요!"
말대꾸를 하는 듯 조금 과장돼 보이는 날갯짓

—「너도 나비」부분

 렐린초스 계곡, 배낭을 벗어놓고 가쁜 숨을 가누다, 저 멀리 건너편 거대한 산록의 비탈 한가운데 홀로 서 있는 야생 라마를 보았다. 어떻게 이 높은 곳까지 올라왔지? 목을 빼며 자세히 보려 애를 쓰는데 라마는 이미 나를 유심히 살피고 있었던 게 분명했다. 멀리 있었지만 까맣고 커다란 라마의 눈빛이 아주 가깝고 선명하게 느껴졌다. 저렇게 먼 곳인데 이건 착각인 거야. 계곡의 고요한 적막을 헤치며 라마의 눈빛은 여전히 선명하게 전해져오고 있었다. 혼자인, 외로운, 그러기를 고집하는 자유(自由)를 얘기하고 있는 것 같은 눈빛. 라마와 나는 꼼짝도 않고 오랫동안 그렇게 마주볼 수밖에 없었다. 아니, 그렇게 나는 라마의 눈빛에 묶여 있었다. 그 후 한 달 동안의 등반 내내, 나는 라마의 눈빛과 동행하게 되었다.

—「동행」전문

가끔 하늘을 볼 뿐
가끔 커다란 머리를 흔들어 털 뿐
할 말은 있지만

어금니를 물어 입을 닫은

묵언의 정진

　　　　　　　　　　　　　─「야크」 부분

　인용한 작품들에는 하나같이 시인에게 일상이라는 낯익은 굴레를 벗어던졌을 때 만나게 된, 혹은 만난 어떤 '사건'이 드러난다. 오브제 자체가 아니라 사건이 중심이 된다. 맨 처음 인용 시는 카라반 중에 "고도 4,300미터의 마지막 고원마을 팅그리(Tingri)"에서 만난 '배추나비'와의 대화다. 비록 시인의 질문은 숨어 있지만, 일종의 놀람이 잘 드러난다. 두 번째 작품은 시인이 안데스 산맥을 찾았을 때의 작은 사건인데, "혼자인, 외로운, 그러기를 고집하는 자유(自由)를 얘기하고 있는 것 같은 눈빛. 라마와 나는 꼼짝도 않고 오랫동안 그렇게 마주볼 수밖에 없었다. 아니, 그렇게 나는 라마의 눈빛에 묶여 있었다. 그 후 한 달 동안의 등반 내내, 나는 라마의 눈빛과 동행하게 되었다."라는 시의 전언에서 직접적으로 확인할 수 있는 것처럼 시인이 체험을 통해 자기 영역을 확장하려 했다는 것이 얼마간은 증명된다. 앞에 인용한 마지막 작품은 티베트 고원, 즉 히말라야 산맥의 어딘가를 등정했을 때의 일화지만, 예의 "삶과 죽음을 함께 담보하는/고산의 영역"에서 야크를 만났다는 것이다.

　이처럼 시인은 일상이 미끄러져 들어가고 내가 오를 산이 내 안에서 솟구치는 섭입의 '때'에 어쩌면 뫼비우스의 띠가

역방향에서 증명될지도 모르는 위험을 감수하고 생의 '불안'을 '엘랑 비탈(elan vital)'로 바꿀 수 있었던 것이다.

최영규 시인은 이번 시집의 제목을 '크레바스'라고 했다. 작품에 달린 주석을 보면 "크레바스(crevasse)는 빙하가 갈라져서 생긴 좁고 깊은 틈. 크레바스는 좁은 곡지를 흐르던 빙하가 넓은 장소로 나가는 곳이나, 곡류하는 지점을 만나게 되면 그 지역을 중심으로 집중적으로 생성된다."고 했다. 즉 가려져 있어도 분명하게 존재하는 위험 앞에서 어느 차원에서든 우리는 어떤 자세를 보일 것인가, 혹시 묻고 있는 게 아닌지 두려워졌다.

> 지금을 영원이라고 하자
>
> 생각의 흔적마저 지워가는
> 시간의 눈빛이거나 고뇌라고 하자
>
> 처음부터 내 것이 아니었던
> 아름다움처럼
>
> 영원을 지금이라고 하자
>
> ―「빙하」 전문

나는 알고 있다. 내 생을 다 얼려도 '빙하'의 0.001mm의 두

께도 형성할 수 없다는 것을, 그래서 우리는 매 순간 '영원'의 개념을 '지금' 생각한다. 최영규 시인은 "영원을 지금이라고 하자"고 선언 아닌 선언을 한다. 그 선언은 그가 체험한 빙하의 울림일지도 모른다. 그렇다면 '영원' 혹은 '지금'은 시인이 설치한 '크레바스'를 건너 우리가 만나게 될 적막한 '소리'가 아닐까, 라는 생각에 이르러 문득 이 시집을 여는 첫 시가 떠올랐다. "눈 속의 허공과 눈 위의 허공을 건너야" 하는, 최영규 시인의 시행과 산행의 안전을 기원하며 글을 맺는다.

저렇게 격노하는 山의 마음을 알기 위해서라도 이 눈보라를 견뎌내야 한다. 쭈그리고 버틴 지 이틀째 새벽. 山 아래로부터 붉고 푸른색의 햇살을 쏘아 올리며 아침이 올라왔다. 구부린 허리 너머로 파란 하늘이 현기증을 일으켰다. 장비를 챙기고, 고소증세로 메슥거리는 뱃속으로 알파미를 밀어 넣었다. 허벅지를 오르내리는 신설(新雪) 속에 크레바스가 아가리를 벌리고 있을지 모른다. 눈 속의 허공과 눈 위의 허공을 건너야 한다. 발끝의 풍향계가 눈을 뜨는 그때 건너편 급사면으로 엄청난 눈덩이가 쏟아져 내렸다. 눈, 눈, 눈의 사태. 그렇게 山은 의욕(意慾)과 만용(蠻勇)으로 가득 차 있던 나의 발걸음을 꾸짖고 있었다.

―「눈사태」 전문

이 도서의 국립중앙도서관 출판시도서목록(CIP)은 서지정보유통지원시스템 홈페이지
(http://seoji.nl.go.kr)와 국가자료공동목록시스템(http://www.nl.go.kr/kolisnet)에서
이용하실 수 있습니다.(CIP제어번호: CIP2018017423)

시인동네 시인선 093
크레바스
ⓒ 최영규

초판 1쇄 인쇄 2018년 6월 7일
초판 1쇄 발행 2018년 6월 14일
     지은이 최영규
     펴낸이 고영
    책임편집 서윤후
     디자인 헤이존
     펴낸곳 문학의전당
    출판등록 제2017-000002호
       주소 서울시 마포구 마포대로 11길 91, 3층
       전화 02-852-1977   팩스 02-852-1978
    전자우편 sbpoem@naver.com

    ISBN 979-11-5896-373-6 03810

*이 책의 판권은 지은이와 문학의전당에 있습니다.
*양측의 서면 동의 없는 무단 전재 및 복제를 금합니다.
*잘못 만들어진 책은 바꿔드립니다.